Acertijos y Adivinanzas

Las respuestas estan al final del libro

1. El Guardián de la Noche

¿Qué sube cuando la lluvia baja?

---

2. La Dama de los Huesos

Tengo 42 pies, pero no camino. ¿Quién soy?

3. El Reloj del Granero

¿Qué es algo que siempre corre pero nunca camina, tiene boca pero nunca habla, y tiene cama pero nunca duerme?

____

4. La Puerta al Cielo

¿Qué es algo que tiene llaves pero no puede abrir ninguna puerta?

5. El Misterio del Espejo

Si me nombras, me rompo. ¿Qué soy?

____

6. El Guardián del Saber

¿Cuál es la letra que tiene más agua?

7. El Enigma de la Biblioteca

¿Cuántas veces puedes restar 10 de 100?

---

8. La Nave de las Sorpresas

¿Qué puede viajar por el mundo mientras permanece en un rincón?

9. El Cazador Silencioso

¿Qué es algo que se puede romper sin
tocarlo?

____

10. La Ciudad Oculta

¿Cuál es la ciudad que camina?

11. El Silencio del Papel

Es blanco y negro y se lee al revés. ¿Qué es?

---

12. El Tesoro del Viejo Marino

Vivo sin cuerpo, oigo sin orejas, hablo sin boca y nací en el aire. ¿Quién soy?

13. El Canto del Gallo

¿Cuál es el animal que después de muerto da muchas vueltas?

____

14. La Copa de la Vida

Soy alto cuando soy joven, y bajo cuando soy viejo. ¿Qué soy?

15. El Eco de la Montaña

Me haces cuando me llamas, pero no me puedes ver. ¿Qué soy?

---

16. El Sabor del Mar

Si tengo, no lo comparto. Si lo comparto, no lo tengo. ¿Qué soy?

17. La Casa de Cristal

¿Qué es algo que se llena pero nunca
se queda lleno?

____

18. El Tiempo que Vuela

¿Cuál es el mes del año que tiene 28 días?

19. La Sombra del Gigante

¿Qué es algo que cuanto más grande es, menos se ve?

____

20. El Vuelo del Silencio

¿Cuál es el pájaro que no puede volar?

21. La Espada Invisible

¿Qué tiene un ojo pero no puede ver?

____

22. La Luz en la Noche

¿Qué es algo que puedes atrapar pero
no puedes lanzar?

23. El Enigma del Poeta

Si un tren eléctrico va de norte a sur,
¿hacia dónde va el humo?

---

24. El Caballo Mágico

¿Cuál es el animal que tiene silla pero no
puede sentarse?

25. La Clave del Misterio

Tengo ciudades pero no casas, montañas pero no árboles, y agua pero no peces. ¿Qué soy?

____

26. El Misterio del Reloj

Tiene agujas pero no cose. ¿Qué es?

27. La Sombra del Vampiro

¿Qué cosa vuela sin alas?

---

28. La Dama del Viento

¿Cuál es el vegetal que llora?

29. El Tesoro Oculto

¿Qué está lleno de agujeros pero aún
puede contener agua?

---

30. La Vuelta al Mundo

¿Qué es algo que mientras más le quitas,
más grande se hace?

31. El Misterio del Hielo

¿Qué se derrite al sol pero no se puede congelar?

____

32. La Dama del Jardín

¿Qué es algo que se puede comer pero nunca beber?

33. El Gigante Inmóvil

¿Qué siempre llega pero nunca llega a quedarse?

____

34. El Sabor del Momento

¿Qué es algo que puedes atrapar pero no puedes ver?

35. El Ojo del Huracán

¿Qué está en el medio del mar pero nunca se moja?

---

36. El Viaje del Zorro

¿Qué camina con cuatro patas por la mañana, con dos patas al mediodía y con tres patas por la noche?

37. La Casa del Sol

¿Qué siempre tiene un pie pero no tiene piernas?

---

38. El Reloj de Arena

¿Qué pasa una vez en un minuto, dos veces en un momento y nunca en cien años?

39. La Voz del Misterio

¿Cuál es la pregunta que nunca puedes responder con "sí"?

---

40. El Encanto del Bosque

¿Cuál es el árbol más divertido?

41. El Enigma de la Mañana

¿Qué es algo que cuando está en tu mano puede pasar el tiempo?

---

42. La Sombra del Gato

¿Cuál es el animal que siempre cae de pie?

43. El Silencio del Río

¿Qué es algo que puede llenar una habitación pero no ocupa espacio?

---

44. La Luz del Alba

¿Qué puede llenar una habitación pero no ocupa espacio?

45. El Misterio del Guardián

¿Qué tiene cuernos pero no embiste?

---

46. El Sabor del Mar

¿Cuál es el animal que lleva en su nombre una fruta?

47. El Tesoro del Rey

¿Qué es algo que cuanto más se lava,
más sucio se pone?

———————————

48. La Caja de Pandora

¿Qué tiene agujeros arriba y abajo y sin
embargo sostiene agua?

49. La Magia del Artista

¿Qué tiene un solo color, pero miles de formas?

____

50. El Enigma del Sabio

¿Cuál es el animal que tiene más dientes?

SOLUCIONES

1.Paraguas

Un paraguas se abre (sube) cuando la lluvia empieza a caer (baja).

2.Piano

Un piano tiene 42 teclas blancas (pies), pero no puede caminar.

3.Río

Un río siempre está en movimiento (corre), tiene
una desembocadura (boca) y su lecho (cama),
pero no camina, no habla, ni duerme.

4.Piano

Un piano tiene muchas teclas (llaves) pero no
puede abrir ninguna puerta.

5.Silencio

El silencio se "rompe" cuando alguien lo menciona, es decir, cuando hay ruido.

____

6.La letra "C"

La letra "C" suena igual que la palabra "mar" en español.

7.Una sola vez

Solo se puede restar 10 una vez de 100 porque después de restar una vez, ya no es 100.

8.Sello postal

- Un sello postal puede viajar por todo el mundo pegado en una carta y siempre está en la esquina de un sobre.

9.Una promesa

Una promesa se puede romper sin necesidad de tocar nada físicamente.

10.Constantinopla

Constantinopla se conoce históricamente como "la ciudad que camina" debido a sus numerosas invasiones y cambios de poder

11.Diario o periódico

Un diario o periódico se puede leer desde adelante o desde atrás (en su disposición física) y contiene texto en blanco y negro.

12.Eco

- El eco no tiene cuerpo, se escucha sin orejas, "habla" repitiendo sonidos y se produce en el aire.

13.El pollo asado

- Cuando un pollo está cocinado (asado), se lo puede voltear varias veces para cortarlo y servirlo.

14.Una vela

- Una vela es alta cuando es nueva (joven) y se vuelve más corta (baja) a medida que se consume.

15.El eco

El eco responde cuando llamas, pero no es visible.

16.Un secreto

Un secreto deja de serlo cuando se comparte.

17.El colador

Un colador se llena de agua, pero el agua siempre se escurre por sus agujeros.

18.Todos los meses tienen 28 días

Cada mes tiene al menos 28 días, aunque algunos tienen más

.

19.La oscuridad

Cuanta más oscuridad hay, menos se puede ver.

____

20.Pingüino

Un pingüino es un ave que no puede volar.

21.La aguja

Una aguja tiene un ojo (el agujero por donde pasa
el hilo) pero no ve.

____

22.El resfriado

Un resfriado se puede "atrapar" (contagiarse),
pero no se puede lanzar

23.Los trenes eléctricos no producen humo

Los trenes eléctricos no producen humo, así que no hay dirección del humo.

24.El caballo

Un caballo lleva una silla de montar, pero no puede sentarse en ella.

25.Un mapa

Un mapa muestra ciudades, montañas y agua,
pero no tiene casas, árboles o peces reales.

26.Reloj

Un reloj tiene agujas (manecillas) que señalan
la hora, pero no cose.

27.El tiempo

El tiempo "vuela" en sentido figurado sin tener alas.

28.La cebolla

Una cebolla hace llorar a las personas cuando se corta.

29.Una esponja

Una esponja está llena de agujeros pero aún
puede contener agua.

____

30.Un hoyo

Al quitarle más tierra a un hoyo, este se hace
más grande.

31.La sombra

La sombra desaparece con la luz del sol, pero no
se puede congelar.

32.Un plato

Se puede comer la comida que hay en un
plato, pero no se puede beber el plato.

33.El mañana

El mañana siempre llega pero nunca permanece;
se convierte en hoy.

34.Un resfriado

Un resfriado se puede atrapar (enfermarse)
pero no es visible.

35.La letra "R"

La letra "R" está en el medio de la palabra "mar"
pero no se moja.

36.El ser humano

El ser humano gatea (cuatro patas) de bebé,
camina (dos patas) de adulto y usa un bastón
(tres patas) de anciano.

37.El zapato

Un zapato siempre tiene un pie adentro pero no tiene piernas.

38.La letra "M"

La letra "M" aparece una vez en "minuto", dos veces en "momento" y ninguna vez en "cien años".

39."¿Estás dormido?"

Si estás dormido, no puedes responder "sí".

____

40.El abedul

El abedul (birch en inglés) suena similar a "birch" y "birch tree" es un juego de palabras con "burch" (funny) en inglés.

41.Un reloj

Un reloj puede pasar el tiempo con sus manecillas.

42.El gato

Los gatos tienen la fama de caer siempre de pie.

43.La luz

La luz puede llenar una habitación pero no ocupa espacio físico.

44.La luz

La luz puede llenar una habitación sin ocupar espacio físico.

45.El caracol

Un caracol tiene cuernos (tentáculos) pero no embiste.

____

46.El pez naranja

El pez dorado o pez naranja lleva una fruta (naranja) en su nombre.

47.El agua

Cuanto más se lava el agua, más sucia se vuelve (agua residual).

48.Una esponja

Una esponja tiene agujeros y aún puede contener agua.

49.Una sombra

Una sombra tiene un solo color y puede tomar muchas formas dependiendo de la luz.

50.El pez

Algunos peces, como los tiburones, tienen una gran cantidad de dientes.